汉语风 中文分级系列读物 Chinese Breeze Graded Reader Series

duì yí jù huà fùzé
对一句话负责

A Word Once Given

主　编　[美]储诚志（Chengzhi Chu）　赵绍玲（Shaoling Zhao）
原　创　储先亮（Xianliang Chu）

图书在版编目(CIP)数据

对一句话负责 / (美) 储诚志, 赵绍玲主编. —北京: 北京大学出版社, 2020.10
(《汉语风》中文分级系列读物. 第4级. 1100词级)
ISBN 978-7-301-31669-6

Ⅰ.①对… Ⅱ.①储… ②赵… Ⅲ.①汉语–阅读教学–对外汉语教学–自学参考资料 Ⅳ.①H195.4

中国版本图书馆CIP数据核字(2020)第195350号

书　　名	对一句话负责 DUI YI JU HUA FUZE
著作责任者	[美]储诚志　赵绍玲　主编 谢　勤　改编
责任编辑	路冬月
标准书号	ISBN 978-7-301-31669-6
出版发行	北京大学出版社
地　　址	北京市海淀区成府路205号　100871
网　　址	http://www.pup.cn　　新浪微博:@北京大学出版社
电子信箱	zpup@pup.cn
电　　话	邮购部 010-62752015　发行部 010-62750672 编辑部 010-62753374
印刷者	北京宏伟双华印刷有限公司
经销者	新华书店
	850毫米×1168毫米　32开本　2.875印张　44千字 2020年10月第1版　2020年10月第1次印刷
定　　价	24.00元

未经许可,不得以任何方式复制或抄袭本书之部分或全部内容。
版权所有,侵权必究
举报电话: 010-62752024　电子信箱: fd@pup.pku.edu.cn
图书如有印装质量问题,请与出版部联系,电话:010-62756370

储诚志

夏威夷大学博士,美国中文教师学会前任会长,加州大学戴维斯分校中文部主任,语言学系博士生导师。兼任多所大学的客座教授或特聘教授,多家学术期刊编委。曾在北京语言大学和斯坦福大学任教多年。

赵绍玲

笔名向娅,中国记者协会会员,中国作家协会会员。主要作品有报告文学集《二十四人的性爱世界》《国际航线上的中国空姐》《国际航线上的奇闻秘事》等,电视艺术片《凝固的情感》《希望之光》等。多部作品被改编成广播剧、电影、电视连续剧,获各类奖项多次。

谢 勤

长期任职于大型国企计算机信息管理部门,高级工程师。爱好语言学及文学,业余从事文学创作,经常在报刊发表散文、随笔及杂记等。

Chengzhi Chu

Chu is associate professor and coordinator of the Chinese Language Program at the University of California, Davis, where he also serves on the Graduate Faculty of Linguistics. He is the former president of the Chinese Language Teachers Association, USA, and guest professor or honorable professor of several other universities. Chu received his Ph.D. from the University of Hawaii. He had taught at the Beijing Language and Culture University and Stanford University for many years before joining UC Davis.

Shaoling Zhao

With Xiangya as her pen name, Shaoling Zhao is an award-winning Chinese writer. She is a member of the All-China Writers Association and the All-China Journalists Association. She authored many influential reportages and television play and film scripts, including *Hostesses on International Airlines, Concretionary Affection,* and *The Silver Lining.*

Qin Xie

Qin Xie is a senior engineer of computer information management of a large enterprise in China and a diligent part-time essayist. She has frequently produced creative writings for newspapers and magazines.

前　言

学一种语言，只凭一套教科书，只靠课堂的时间，是远远不够的。因为记忆会不断地经受时间的冲刷，学过的会不断地遗忘。学外语的人，不是经常会因为记不住生词而苦恼吗？一个词学过了，很快就忘了，下次遇到了，只好查词典，这时你才知道已经学过。可是不久，你又遇到这个词，好像又是初次见面，你只好再查词典。查过之后，你会怨自己：脑子怎么这么差，这个词怎么老也记不住！其实，并不是你的脑子差，而是学过的东西时间久了，在你的脑子中变成了沉睡的记忆，要想不忘，就需要经常唤醒它，激活它。"汉语风"分级读物，就是为此而编写的。

为了"激活记忆"，学外语的人都有自己的一套办法。比如有的人做生词卡，有的人做生词本，经常翻看复习。还有肯下苦功夫的人，干脆背词典，从 A 部第一个词背到 Z 部最后一个词。这种做法也许精神可嘉，但是不仅过程痛苦，效果也不一定理想。"汉语风"分级读物，是专业作家专门为"汉语风"写作的，每一本读物不仅涵盖相应等级的全部词汇、语法现象，而且故事有趣，情节吸引人。它使你在享受阅读愉悦的同时，轻松地达到了温故知新的目的。如果你在学习汉语的过程中，经常以"汉语风"为伴，相信你不仅不会为忘记学过的词汇、语法而烦恼，还会逐渐培养出汉语语感，使汉语在你的头脑中牢牢生根。

"汉语风"的部分读物出版前曾在华盛顿大学（西雅图）、范德堡大学和加州大学戴维斯分校的六十多位学生中试用。感谢这三所大学的毕念平老师、刘宪民老师和魏苹老师的热心组织和学生们的积极参与。夏威夷大学的姚道中教授、加州大学戴维斯分校的李宇以及博士生 Ann Kelleher 和 Nicole Richardson 对部分读物的初稿提供了一些很好的编辑意见，在此一并表示感谢。

Foreword

When it comes to learning a foreign language, relying on a set of textbooks or spending time in the classroom is not nearly enough. Memory is eroded by time; you keep forgetting what you have learned. Haven't we all been frustrated by our inability to remember new vocabulary? You learn a word and quickly forget it, so next time when you come across it you have to look it up in a dictionary. Only then do you realize that you used to know it, and you start to blame yourself, "why am I so forgetful?" when in fact, it's not your shaky memory that's at fault, but the fact that unless you review constantly, what you've learned quickly becomes dormant. The *Chinese Breeze* graded series is designed specially to help you remember what you've learned.

Everyone learning a second language has his or her way of jogging his or her memory. For example, some people make index cards or vocabulary notebooks so as to thumb through them frequently. Some simply try to go through dictionaries and try to memorize all the vocabulary items from A to Z. This spirit is laudable, but it is a painful process, and the results are far from sure. *Chinese Breeze* is a series of graded readers purposely written by professional authors. Each reader not only incorporates all the vocabulary and grammar specific to the grade but also contains an interesting and absorbing plot. They enable you to refresh and reinforce your knowledge and at the same time have a pleasurable time with the story. If you make *Chinese Breeze* a constant companion in your studies of Chinese, you won't have to worry about forgetting your vocabulary and grammar. You will also develop your feel for the language and root it firmly in your mind.

Thanks are due to Nyan-ping Bi, Xianmin Liu, and Ping Wei for arranging more than sixty students to field-test several of the readers in the *Chinese Breeze* series. Professor Tao-chung Yao at the University of Hawaii. Ms. Yu Li and Ph.D. students Ann Kelleher and Nicole Richardson of UC Davis provided very good editorial suggestions. We thank our colleagues, students, and friends for their support and assistance.

主要人物和地方名称
Main Characters and Main Places

高山 Gāo Shān
A company chairman, an old friend of the Hu family

高瑞丽 Gāo Ruìlì
Gao Shan's son

唐甜甜 Táng Tiántián
Gao Shan's daughter-in-law

胡灯明 (胡叔叔) Hú Dēngmíng
Hu Xinyi's father; Gao Shan's "Uncle Hu"

胡心一 Hú Xīnyī
Gao Shan's friend, Hu Dengming's son

胡美美 Hú Měiměi
Hu Xinyi's daughter

云南省 Yúnnán Shěng: A province in southwest China

昆明市 Kūnmíng Shì: The capital city of Yunnan Province

百花公园 Bǎihuā Gōngyuán: Baihua Park (literally a hundred flowers park) in Kunming

瑞丽县 Ruìlì Xiàn: Ruili County, a rural county in the west of Yunnan Province

南菇河 Nángū Hé: A river in Ruili County

文中所有专有名词下面有下画线,比如:<u>高山</u>
(All the proper nouns in the text are underlined, such as <u>高山</u>)

目 录
Contents

1. 能推人的雕像

   A statue that can push people

  1

2. 原来是一个漂亮的姑娘

   It turned out to be a pretty girl

  7

3. 一家人都来昆明

   The whole family moves to Kunming

  12

4. 您见过这两样东西吗?

   Do you recognize these two things?

  21

5. 从昆明来的大朋友

   A great friend from Kunming

  28

6. 一块能发光的石头

   A luminous stone

  35

7. 留给你们做个纪念

   It's a souvenir for you

  39

8. 朋友的东西不能卖

   We can't sell a friend's things

  45

9. 比宝石更贵的东西
That is more precious than a gem

.... 51

生词表
Vocabulary list

.... 57

练习
Exercises

.... 61

练习答案
Answer key to the exercises

.... 68

1. 能推[1]人的雕像[2]

　　云南省昆明市在中国被叫作"春城[3]"——春天的城市，因为昆明夏天不热，冬天不冷，气温变化小，一年四季[4]都像春天。一般情况下，昆明的夏天和冬天大概只差10度，很舒服，春天和秋天就更不用说了。昆明的风景很美，城市里有很多公园，百花公园是最有名的一个，不管春夏秋冬，里边都开着各种颜色的花儿，非常好看。

　　最近这一年，每到星期天，百花公园门口的路边就会出现一个雕像[2]。那个雕像[2]的样子很特别，看得懂的人知道，那是一个傣族[5]男孩子的样子。他穿着少数民族[6]的衣服，头上包着黑色的头巾[7]，眼睛向前看着。他的脸黑

1. 推 tuī: push
2. 雕像 diāoxiàng: figure statue
3. 春城 Chūnchéng: Spring City, the elegant name of Kunming
4. 四季 sìjì: four seasons
5. 傣族 Dǎizú: Dai, a minority ethnic group in southwest China
6. 少数民族 shǎoshù mínzú: ethnic minority
7. 头巾 tóujīn: scarf

5 黑的,鼻子高高的,嘴上挂着笑。两条腿一条向前,一条在后;左手高高地举起来,举得比头还要高,右手指着前边的山。雕像²就站在公园门口的路边,一动也不动⁸。他的脚旁边放着一个盒子⁹,盒子⁹上写着:"欢迎拍照¹⁰,一次二元。"

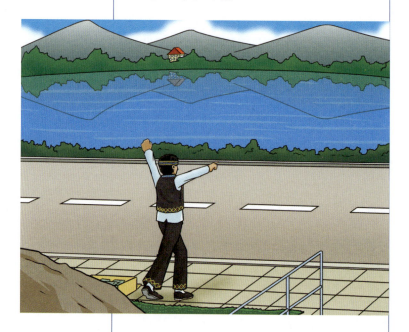

到公园来玩儿的人从雕像²前面经过,很容易注意到他,因为他的样子

---

8. 一动也不动 yí dòng yě bú dòng: motionless
9. 盒子 hézi: box
10. 拍照 pāi zhào: take pictures

看起来很有意思。很多人都喜欢跟雕像[2]一起拍照[10]，然后在盒子[9]里留下两块钱。

　　那一天，也是星期天，高瑞丽和妻子唐甜甜吃完早饭，两个人坐上了汽车。他跟唐甜甜很早就已经约好，今天要开车到百花公园走一走，休息休息。高瑞丽是高山文化艺术公司的总经理[11]。平常公司的事情多，他上班的时候太忙，周末也常常不能休息。他和妻子很长时间没有一起出去玩儿了。高瑞丽记得，他们上次去百花公园，还是在去年暑假，算起来快一年了。

　　虽然是星期天，路上汽车、自行车也很多，高瑞丽小心地开车，开得比较慢，他怕开快了会出问题。可是，麻烦的事情还是发生了。快到百花公园门口的时候，他正要往左边的路口拐，把车开到停车场[12]，突然，前边一个骑自行车的男人倒在了他们的车子前面，躺在地上爬不起来了，嘴里还大叫着："疼死了，疼死了，快

11. 总经理 zǒngjīnglǐ: general manager
12. 停车场 tíngchēchǎng: parking lot

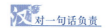
对一句话负责

救命[13]啊！"

"糟糕！"高瑞丽说着，紧张极了。他马上把车停住，开了车门，下车去扶[14]那个倒在地上的男人。下车的时候，他把一个小包留在车里的座位[15]上，包里有他的手机、信用卡[16]和一些钱。因为着急，他连车门都忘了关。唐甜甜也从右边打开[17]车门，准备下车帮一帮高瑞丽。她正要下车的时候，一个他们不认识的人忽然走向左边开着的车门，很快地抢[18]走了高瑞丽放在座位[15]上的小包。

唐甜甜急坏了，她马上下车去追[19]抢[18]包的人，一边追[19]，一边喊："有人抢[18]东西了，帮我抓[20]住他！抓[20]住他！"她想，这个包一定要追[19]回来，包里的钱虽然不多，但是里面装着手机和信用卡[16]什么的[21]，如果丢

---

13. 救命 jiù mìng: help (in an emergency)
14. 扶 fú: support with hand
15. 座位 zuòwèi: seat
16. 信用卡 xìnyòngkǎ: credit card
17. 打开 dǎkāi: open
18. 抢 qiǎng: rob
19. 追 zhuī: chase
20. 抓 zhuā: grab
21. 什么的 shénmede: et cetera

1. 能推人的雕像

了，麻烦就大了。

高瑞丽下车时没拿手机，只好请站在旁边的人帮忙给警察[22]打电话，把这里发生的情况告诉警察[22]，请他们马上过来。

唐甜甜继续追[19]抢[18]包的人，可是她跑得慢，追[19]不上那个人。抢[18]包的人跑得很快，过了一个红绿灯，一会儿就到了路边的雕像[2]那儿。这时，谁也没想到，那个长得像傣族[5]男孩子的雕像[2]突然用手向前一推[1]，抢[18]包的人倒

22. 警察 jǐngchá: police

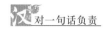
对一句话负责

在了地上,<u>唐甜甜</u>和旁边的人马上过来把他抱住了。

　　不一会儿[23],来了四个警察[22],两个警察[22]和<u>唐甜甜</u>一起抓[20]着抢[18]包的人,另外两个警察[22]和<u>高瑞丽</u>一起察看路上发生的情况。看到有警察[22]过来,刚才那个倒在地上大叫"救命[13]"的男人忽然站了起来,骑上自行车就跑了。旁边的人看到这个情况,都笑了起来。

Want to check your understanding of this part?
Go to the questions on page 61.

---

23. 不一会儿 bù yíhuìr: in a short while

2. 原来是一个漂亮的姑娘

警察²²把抢¹⁸包的人带到派出所,先让唐甜甜检查包里的东西少了没有。唐甜甜看到手机和信用卡¹⁶都在,又数了数钱,也不少。

警察²²问抢¹⁸包的男人叫什么名字,住在哪里,为什么要抢¹⁸别人的包,那个人的回答真让人不敢相信。

原来，抢¹⁸包的人和那个骑自行车的人是一起的。他们一个人骑着自行车在汽车前面自己摔²⁴倒，然后大叫"救命¹³"，让别人都看他，另一个人就在别人不注意的时候拿走车上的东西。这次因为<u>唐甜甜</u>在车上，看到了这一切。如果不是这样的话，拿走车上的东西是很少被人发现的，而且前面摔²⁴倒的人还可以向开车的人要钱，结果是他们两个人都能搞到钱。抢¹⁸包的人说，他们这样做已经不是第一次了，只是这一次没成功。这次他们没成功，除了因为<u>唐甜甜</u>坐在车上以外，另一个原因是抢¹⁸包的人被公园门口的那个雕像²推¹倒了。谁会想到，那个不动的雕像²会突然变成一个能推¹人的人呢！

　　<u>唐甜甜</u>这时候忽然想起了那个雕像²，就对<u>高瑞丽</u>说："那个雕像²一定是一个人装扮²⁵的，我们得好好儿谢谢他。"他们到公园门口的路边找，可是，雕像²已经不在那里，不知道到哪

---

24. 摔 shuāi: fall, tumble
25. 装扮 zhuāngbàn: disguise, dress up

里去了。高瑞丽和唐甜甜只好请警察[22]帮忙。警察[22]也想找到那个装扮[25]成雕像[2]的人，因为他的帮助，他们抓[20]到了抢[18]包的人，警察[22]也要谢谢他。

警察[22]检查了公园门口的电子摄像[26]，发现那个雕像[2]差不多每个星期天的上午10点来这里。他站在公园门口的马路旁边，摆出可爱的样子，让大家跟他一起照相[27]。他在那里一动也不动[8]，来公园的人以为他就是一个雕像[2]，不知道原来是一个人装扮[25]的。他每次在那里的时间都不长，差

26. 摄像 shèxiàng: video camera
27. 照相 zhào xiàng: take pictures

不多50分钟左右,快到11点的时候就会离开。

到哪里去找那个装扮[25]成雕像[2]的人呢?警察[22]看到街对面的路边有一个帮人擦鞋的老人,就对高瑞丽说:"你们去问问那位老人吧。他每天在这里擦鞋,也许知道那个人是谁,去了哪里。找到了那个人以后,请你们也告诉我们。"

高瑞丽和唐甜甜就去问那位擦鞋的老人。老人果然[28]知道,他告诉他

28. 果然 guǒrán: really, as expected

们：" 装扮²⁵雕像²的人叫胡美美，在绿宝石²⁹餐厅当服务员。星期天上午餐厅不太忙的时候，她就来这里装扮²⁵成雕像²，让别人跟她拍照¹⁰，给她一点儿钱。"老人一边说，一边用手指着附近的一家饭馆儿，就在马路对面的超市旁边。

"胡美美？"高瑞丽和唐甜甜听到这个名字，你看看我，我看看你。他们都在想，叫这个名字的人应该是一个女的，装扮²⁵成雕像²，帮他们抓²⁰住抢¹⁸包人的，原来是一个女人？这一点他们怎么都没想到。

> Want to check your understanding of this part?
> Go to the questions on page 61.

29. 绿宝石 lǜbǎoshí: emerald (literaly "green gem")

3. 一家人都来昆明

高瑞丽和唐甜甜马上就去了绿宝石[29]餐厅，想快点儿找到胡美美。在路上，唐甜甜问高瑞丽："胡美美会不会就是一个男孩子，但是有个女孩子的名字？"

"二位好，欢迎你们！请坐。"高瑞丽和唐甜甜刚走进饭馆儿，一个漂亮的女服务员就笑着走了过来，把他们带到一个空桌子旁边，把菜单递到唐甜甜的手上。

高瑞丽对唐甜甜说:"现在是午饭时间了,我们就先吃饭吧,我有点儿饿了。"两个人在椅子上坐下,翻着菜单,点了一个牛肉,一个青菜[30],还有一个鸡蛋汤。

服务员问:"来瓶啤酒吗?"

唐甜甜说:"我们是开车来的,不能喝酒,给我来点儿饮料吧,一杯果汁。瑞丽,你要咖啡还是茶?"

"来杯茶,最好再加一盘水果,苹果或者葡萄都行。"

高瑞丽说完,接着又问:"小姑娘,不好意思,我们能问你一个问题吗?"

"当然可以!"服务员笑着回答。

"你们餐厅有个叫胡美美的服务员吗?"唐甜甜问。

姑娘说:"有,就是我,我叫胡美美。你们是问上午在公园抓[20]坏人的事吧?"高瑞丽和唐甜甜没想到,胡美美刚看到他们进饭馆儿的时候,就知道他们是来找自己的。

"太棒了!真是太棒了!"这么容

---

30. 青菜 qīngcài: green vegetables

易就找到了胡美美，高瑞丽举起右手在桌子上拍了一下，高兴地说。

"上午在公园里，你帮助我们抓[20]住了那个抢包的人，真是太感谢你了！"唐甜甜拉着胡美美的手，高兴地说。

"没关系，不用谢！见到有人做坏事，大家一起帮着抓[20]住坏人，是应该的。"胡美美笑着，回答得也很愉快。"你们先坐，我去给你们拿果汁和茶。"说完，胡美美把菜单送到厨房。

不久[31]菜就上来了。高瑞丽和唐甜甜开始吃饭，胡美美就到别的桌子旁边，去照顾别的客人了。

"听胡美美说话，不像是昆明人，不知道她是从哪里来的。除了在这里当服务员，她还有没有别的工作？"高瑞丽一边吃饭，一边对唐甜甜说。

"你什么意思？看见人家小姑娘长得漂亮，你就关心人家的工作。你有什么想法[32]是不是？你给我小心点儿！"唐甜甜看着丈夫，假装有点儿生气的样子。

---

31. 不久 bùjiǔ: soon
32. 想法 xiǎngfǎ: idea

"别乱说,我哪有什么想法[32]!我是说,胡美美真是个好人,她帮我们抓[20]了坏人,还不要我们谢她。你看,她在这个小饭馆儿当服务员,还去公园扮雕像[2],让人照相[27],挣[33]一点儿小钱,她的生活一定不容易。我在想,这么好的年轻人,我的公司也需要啊!如果她愿意去我的公司工作,那不是很好吗?她帮了我们,我们也帮助她,对大家都好。"高瑞丽这么一说,唐甜甜也觉得有道理。他们吃饱了,喝好了,继续坐在那里,等着胡美美忙完,有空了,他们要跟她谈一谈。

33. 挣 zhèng: earn (money)

午饭的时间过了,客人少了,饭馆儿里安静下来了。胡美美在午饭后有一点儿休息时间,可以跟他们聊聊天儿。他们请胡美美坐到一起。

原来,胡美美的家在云南西边的瑞丽县[34],离昆明很远,差不多有八百公里。四年前的秋天,胡美美读完中学,就离开家,到昆明来上大学。她高考[35]的成绩很好,考上了这里最有名的云南大学。胡美美在学校学习的是艺术专业,今年是大学四年级,还有不到一个月的时间就要毕业了,现在正在找工作。

上大学这四年,她一边学习,一边打工挣[33]钱。她的一份工作是在饭馆儿当服务员。因为是学习艺术的,又对人的雕像[2]很感兴趣[36],她就想到了照一个云南 傣族[5]男孩子的样子,把自己装扮[25]成一个雕像[2],不忙的时候,就到百花公园门口让人拍照[10]。这样既[37]练习了艺术,又可以多挣[33]一点儿钱。

34. 县 xiàn: county
35. 高考 gāokǎo: college entrance examination
36. 感兴趣 gǎn xìngqù: be interested in
37. 既 jì: both, as well as

今天上午装扮[25]成雕像[2]站在公园门口的马路旁边,她没想到会有人在那里抢[18]别人的东西。听到唐甜甜大叫着"抓[20]坏人"以后,她看到抢[18]包的男人跑到她面前[38]。她想也没想,马上就用手将那个抢[18]包的人推[1]倒了,忘记了自己那时候是一个"雕像[2]"。因为饭馆儿中午上班的时间到了,坏人刚被抓[20]住,她就马上回饭馆儿了。帮高瑞丽和唐甜甜抓[20]住了坏人,她也非常高兴。

　　"你在找什么样的工作?找到了吗?"高瑞丽问她。

　　"我喜欢我的艺术专业,希望毕业以后能继续做艺术方面的工作。要是跟雕像[2]有关系,那就太好了。可是这样的工作很难找到。如果不能很快找到,我就先在这个饭馆儿里给我爸爸妈妈帮忙。"胡美美说。

　　"给你爸爸妈妈帮忙?这个绿宝石[29]餐厅是你家开的?"唐甜甜问。

　　"是的。我弟弟去年秋天也来昆明上大学了。我们两个人都上大学,需

---

38. 面前 miànqián: in the face of, in front of

要用很多钱,我爸爸妈妈就决定也跟我们一起来昆明,我们上学,他们打工。他们认为,在城市里只要努力,认真做事,不怕吃苦[39],应该能够挣[33]
到钱。去年暑假,离学校开学还有一个多月,我们一家从瑞丽先坐汽车,再坐火车,四个人一起来到了昆明。我爸爸在一个公司打工,妈妈帮一个人家做饭。我妈妈很会做饭,特别是[40]云南少数民族[6]的饭菜,她做出来又好看又好吃,那家人特别喜欢。虽然爸爸妈妈都很努力,但是挣[33]的钱不多,不够一家人花。在昆明生活,做什么都要花钱,不像在瑞丽的家里。后来,一个朋友对我妈说:'你做的饭大家都爱吃,开个饭馆儿吧,挣[33]的钱多多了。'听了那个朋友的话,爸爸妈妈从银行借了一些钱,租了现在这个地方,开了这个绿宝石[29]餐厅。我们早上卖点儿饺子、蛋糕、稀饭什么的[21],中午和晚上卖米饭和炒菜[41]。这里的房租有点儿贵,但是

39. 吃苦 chī kǔ: bear hardships
40. 特别是 tèbié shì: especially
41. 炒菜 chǎocài: pan-fried dishes

房子有两层,下面一层开饭馆儿,上面的房间做我们的卧室,不用再租房子,这样也少了一些房租。"

"叫绿宝石²⁹餐厅,跟你家在瑞丽有关系吧?"高瑞丽问。

"是的,您一定知道,我们瑞丽是个出宝石⁴²的地方,所以我们把这个饭馆儿叫作'绿宝石²⁹'。这个名字还是我取的呢,爸爸妈妈和我弟弟都觉得很好。这里离公园很近,我妈做

---

42. 宝石 bǎoshí: gemstone

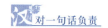

的菜大家喜欢吃，来的人不少，所以我们饭馆儿的生意[43]还不错。这个饭馆儿现在就是我们家的绿宝石[29]了。"胡美美这么一说，大家都笑了。真是一个让人开心[44]的姑娘！

Want to check your understanding of this part?
Go to the questions on page 62.

43. 生意 shēngyi: business
44. 开心 kāixīn: happy

4. 您见过这两样东西吗?

"你愿意去我的公司工作吗?我们那里需要你这样做雕像²的大学生。"高瑞丽问胡美美。听完胡美美介绍她自己和她家的情况,高瑞丽心情很好,上午被人抢¹⁸包的不愉快早就没有了。他在心里决定,只要胡美美愿意,他就请她去自己的公司工作。他想,爸爸给他取名字叫"瑞丽",是因为一直忘不了⁴⁵瑞丽那个地方。胡美美就是从瑞丽来的,而且她人很好,又喜爱⁴⁶雕像²艺术,这不正是自己的文化艺术公司需要的人吗!

"去您的公司工作?"高瑞丽的问题有点儿突然,胡美美没有想到。

"是的。我的公司叫高山文化艺术公司,就在昆明。我们有雕像²方面的工作,对你很合适。"高瑞丽马上说。

"您公司的名字叫'高山',还有

45. 忘不了 wàngbuliǎo: can't forget
46. 喜爱 xǐ'ài: like, be fond of

21

雕像²方面的工作，那太好了！"听到"高山"这个名字，胡美美马上想到了一个人，一个爸爸要她找到的人。她想，不管高瑞丽的公司怎么样，她都应该去看一看，试一试，也许爸爸要找的人跟他的公司有什么关系呢。

胡美美工作的事情就这样决定了。

暑假到了，毕业了，胡美美来到高山文化艺术公司，开始了雕像²方面的工作。

上大学这四年，她一直在昆明找一个叫"高山"的人。当然，这是爸爸的要求。四年前，她刚知道自己考上云南大学的时候，爸爸就对她说："到昆明以后，有空时一定要把高山叔叔找到。"

爸爸还把很久以前高山寄来的一封信给了她，里面有一张名片，写着高山的工作地址，那是一个比较大的电脑公司。进大学没多久，胡美美就找到了那个地方。那里有一个很大的楼，她坐电梯找到在八楼的电脑公司，问了很多人，可是没有找到高

4. 您见过这两样东西吗?

山。有一个年纪[47]很大的人告诉她:"这里从前是有一个叫高山的人,但是他早就离开了,不知道去了哪里,好像是自己开公司去了。"

　　胡美美没有找到高山,今天却遇到了高瑞丽。胡美美心里想:高瑞丽,姓高,名字叫瑞丽,他的公司的名字叫高山,这些听起来不都跟高山叔叔有特别的关系吗?这个公司会不会就是高山叔叔开的呢?

　　胡美美把这些问题放在心里,没

---

47. 年纪 niánjì: age

有马上问高瑞丽。她想，爸爸要找到高山叔叔，是要把那件重要的东西还给他，这事儿不能着急。她要先到公司去工作，再找机会了解情况。

胡美美在高山文化艺术公司工作得很愉快。一天，高瑞丽对她说："我把你来我们公司工作的事情告诉了我父亲，他听说你是从瑞丽来的，要你去见见他，就在今天下午。"

"您的父亲要见我？"胡美美问。

"是的，他以前是我们公司的董

事长[48]，现在不工作了。"高瑞丽说。

"老董事长[48]是不是叫高山？"胡美美接着问。

"你很聪明，猜对了。这个公司是我父亲开起来的，公司的名字就是他的名字。"高瑞丽回答。

胡美美非常高兴，自己想的很可能没错，爸爸要找的高山叔叔就在眼前了！

那天下午，高瑞丽开着车，带着胡美美，开了大概二十多分钟，把胡美美带进了一个很大的院子里。院子很漂亮，有很多树和花儿，草地也不小。草地后面是一个三层的小楼，胡美美跟着高瑞丽走进小楼。客厅的沙发上，一位老人戴着眼镜，在看报纸。沙发上还有一只可爱的小猫。老人有些瘦，头发全都白了，但看起来很健康，年纪[47]也不是很大，大概六十多岁。看到他们进来，老人站了起来。

"爸，这就是公司新来的胡美美，她家在瑞丽。"高瑞丽对老人说。

---

48. 董事长 dǒngshìzhǎng: chairman of a company

"欢迎欢迎!"老人放下报纸,笑着走过来跟胡美美握手。

胡美美听同学说过,像董事长[48]这样的公司老板,他们见了都有点儿怕。这位老人一点儿也不让人害怕,可是胡美美还是有些紧张,也可能是因为特别高兴,她只是笑着,不知道该对董事长[48]说些什么。

董事长[48]让胡美美在沙发上坐下。保姆[49]从餐厅给她送来一杯茶,还有香蕉和苹果。窗子外面的小风吹进来一些花香,还有几声好听的鸟叫。董事长[48]问她在公司工作习惯不习惯,老家瑞丽那边怎么样,家里有几个人,生活得怎么样……老人问得很多,对胡美美的回答,他听得也很认真。最后,他对胡美美说:"你如果有什么困难,告诉我们,不要客气。希望你在公司里工作愉快。"

听到这里,胡美美明白,她应该离开了。可是,她想问的问题还没有问呢!

"董事长[48],我带来了两样东西,

---

49. 保姆 bǎomǔ: nanny, babysitter

想请您看看，可以吗？"她一直想说的话，不知道什么时候说才合适，现在总算说出来了。

"什么东西？让我看看。"老人说。

胡美美从自己的包里拿出一张照片和一个信封[50]，然后从信封[50]里拿出一张纸。她把照片和那张纸都送到老人的手上，说："董事长[48]，请您看看，您见过这两样东西吗？"

照片上是一个木头[51]盒子[9]，看起来有些旧了，纸上写着几句话。老人看看照片，又看看纸上的字，看了好几遍，眼睛慢慢有些湿润了……

Want to check your understanding of this part?
Go to the questions on page 62.

50. 信封 xìnfēng: envelope
51. 木头 mùtou: wood

5. 从昆明来的大朋友

那是三十多年前了。那些年真是中国历史上一个特别的时候，大学都关门⁵²了，学校的教授们被送到农村和工厂⁵³去干活儿⁵⁴，城市里的中学生们毕业以后，也要离开自己的城市到农村去，和农民一起生活、劳动⁵⁵，在农村学习、锻炼。

十八岁那年，高山从昆明的中学毕业。他跟一些同学一起，被安排到了瑞丽县³⁴的农村。高山查了地图，从地图上可以看到，瑞丽在云南的最西边；瑞丽的西边、北边还有南边都是外国，有些村寨⁵⁶是和外国连在一起的。

从昆明到瑞丽，路上大部分都是

52. 关门 guān mén: close the door
53. 工厂 gōngchǎng: factory
54. 干活儿 gàn huór: to work
55. 劳动 láodòng: labor; to work
56. 村寨 cūnzhài: rural village

山。路很远，又非常难走，汽车走走停停[57]，开不快，开了好几天才到。到了瑞丽，山少了一些，田地[58]多起来了，还有几条河从这里流过。到了县城[59]以后，汽车就不能开了，得靠两条腿走路，需要半天[60]时间才能走到高山要去的村寨[56]。他们的行李也不轻，都要自己带着，真是又苦又累。

　　瑞丽虽然田地[58]多，但是人少，生活在那里的人大部分是少数民族[6]，

---

57. 走走停停 zǒuzǒutíngtíng: stop and go
58. 田地 tiándì: paddy field and dry land (for farming)
59. 县城 xiànchéng: county town
60. 半天 bàntiān: half of the day

不少人连汉语都讲不好，也不会写汉字。所以，国家把北京、上海和昆明的一些年轻人送到这里来，希望他们一方面[61]向农民学习农村的劳动知识[55]，在农村锻炼自己，另一方面[62]也能帮助瑞丽，使瑞丽发展得好一些。

　　高山他们去的那个村寨[56]条件很差，没有马路，没有电，没有电话，当然不能看电视，也没有图书馆和篮球场[63]，商店和邮局离这里都很远。在村寨[56]里，人们的房子很挤[64]，生活很困难，但是，对于[65]城里来的青年学生，大家都十分欢迎，生活上也特别照顾。

　　村寨[56]的领导安排高山住到东边的胡灯明家里，让胡灯明负责教他做村寨[56]里的事情。

　　胡灯明家里有四口人，他，他的妈妈，他的妻子，还有一个儿子。妻子姓王，儿子叫胡心一。胡灯明的爸爸因为身体不好，很早以前生了一场

61. 一方面 yì fāngmiàn: on the one hand
62. 另一方面 lìng yì fāngmiàn: on the other hand
63. 篮球场 lánqiúchǎng: basketball court
64. 挤 jǐ: crowded
65. 对于 duìyú: for, about

大病就死了。高山住到胡灯明家以后两个多月，胡灯明的妈妈也病了，一开始只发烧、咳嗽，后来情况越来越糟糕，因为没有钱去医院看大夫，不久[31]也死了。

　　高山每天早上在鸟的叫声中起床。白天在村寨[56]里和农民一起劳动[55]，每天都很不轻松。但跟胡灯明一家人在一起生活，高山觉得很愉快。他叫胡灯明和胡灯明的妻子胡叔叔、王阿姨。他们对高山都很好，生活中总是照顾他。有时候高山太累了，王阿姨还会帮他洗脏衣服。

　　高山和胡心一住在一个房间里，他们很快就成了好朋友，像是哥哥和弟弟一样。胡心一比高山小五岁，他有一条小黄狗，高山来这里以前，小黄狗是他最好的朋友。胡心一常常带着小狗一起玩儿，他到山里或者田里干活儿[54]回来，小狗都会跑到门口去接他。现在高山来了，胡心一多了一个城里来的大朋友。高山离开昆明时，妈妈怕他到瑞丽以后想念[66]昆

66. 想念 xiǎngniàn: miss

明，给他买了几张昆明的风景画儿。他们一起把画儿贴在房间的墙上。

　　胡心一那时才十三岁，还是个孩子，但是已经不上学了。一个原因是学校太远，上学不方便；另一个原因是，那时候的农村人总是认为孩子上学读书没有用，只要能认识一些字，上厕所时知道哪个厕所是男的，哪个厕所是女的，会数数[67]，能算简单的账[68]，就可以了，不需要读到高中。而且，读完了高中也不能上大学，就像高山一样。所以，中学一年级还没

67. 数数 shǔ shù: to count (shǔ) numbers (shù)
68. 账 zhàng: account

有上完，胡心一就离开了学校没有继续上。

　　但是，胡心一很想知道城里的事情，常常问高山很多问题：昆明是什么样子的？怎么才能去北京？火车跑得快吗？飞机是怎样飞上天的？只要是高山自己懂的，他都会告诉胡心一。高山来的时候，带了几本在学校没有读完的书，还有一本词典。他也把书借给胡心一看。胡心一只看得懂其中一本故事书，有不认识的字，他就查查词典，或者问问高山。高山还

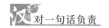
对一句话负责

教他唱歌，有时候他们也聊一聊年轻人的事情，互相开开玩笑。<u>高山</u>不忙的时候，<u>胡心一</u>就带着他到山里摘[69]水果，去河里抓[20]鱼。每次抓[20]鱼回来，一家人就有一顿[70]非常好吃的晚饭，大家都很开心[44]。<u>高山</u>来他家以后，<u>胡心一</u>每天都觉得很快乐。

Want to check your understanding of this part?
Go to the questions on page 63.

---

69. 摘 zhāi: pick (fruits)
70. 顿 dùn: measure word for meals

6. 一块能发光[71]的石头[72]

　　一天下午，一场大雨过后[73]，天晴了。高山对胡心一说："上次我们去南菇河抓[20]鱼，我看到河里有些石头[72]，样子很好看。我们去那里找几个回来，好不好？"在昆明的时候，高山就喜欢各种各样的石头[72]，家里大概有几十块，他还用石头[72]做过两个小小的雕像[2]。

　　"当然好啊，也许我们还能在河里找到宝石[42]呢！"胡心一说。只要是跟高山一起玩儿的事情，胡心一都很高兴。村寨[56]里的大人都说，南菇河里有宝石[42]，但是很少有人真的找到过宝石[42]。

　　他们很快来到河边。河不太大，两边长着绿色的树，河里流的水很干净。他们把鞋脱下来，放在河边的树

---

71. 发光 fā guāng: shine a light
72. 石头 shítou: stone
73. 过后 guòhòu: after

下，光着脚走在河水里，凉[74]凉[74]的，非常舒服。高山看到样子漂亮的石头[72]就拿到河边上，长的，圆的，不长不圆的，不一会儿[23]就有十几块了。虽然样子好看，但都不是宝石[42]。胡心一帮他把这些石头[72]一起拿回家，放到房间里，看起来还真不错。

　　几个星期以后，一天下午，天阴了，没有风，很热。高山在村寨[56]的田里干完活儿，回家的时候从南菇河经过。他把鞋脱下来，坐在河边的一块大一点儿的石头[72]上。河水有点儿凉[74]，他觉得没那么热了，又低下头，用河水洗了洗脸，刚才还觉得很累的身体，现在一点儿也不累了。

　　天快要黑了，高山的肚子也饿了。他正要回家，忽然看到脚边有一块石头[72]，里面好像发出来[75]一道白色的光。他拿起来一看，石头[72]是圆的，比胡心一家喝汤的那个大碗还要大，大概有十几斤重，颜色是黑的，上面有些白色的线条[76]，看起来有点儿

74. 凉 liáng: cool
75. 发出来 fā chulai: send out
76. 线条 xiàntiáo: line

6. 一块能发光的石头

特别。

高山把石头^{72}拿了回去,给胡心一看。胡心一说:"不知道是不是宝石^{42},让我爸爸妈妈看看吧。"胡叔叔和王阿姨看了石头^{72},觉得颜色有点儿奇怪,但他们也不清楚是不是宝石^{42}。胡叔叔对高山说:"我们村寨^{56}北边的老赵有经验,我们去请他帮忙看一看。"他们拿着石头^{72},很快就到了老赵家。

老赵把那块石头^{72}放在桌子上,找来一个手电^{77},照在石头^{72}上面,把

77. 手电 shǒudiàn: flashlight

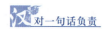

石头⁷²翻过来，又翻过去，眼睛一直在看，然后对高山说："卖给我吧，我给你三十块钱。"

三十块，在那个时候是很多钱，高山的爸爸在昆明工作，每个月的工资只有二十八块。可是，高山说："对不起，赵叔叔，我也喜欢石头⁷²，这块石头⁷²我想自己留着。"

高山和胡叔叔谢了老赵，拿着石头⁷²回去了。看来⁷⁸，这个石头⁷²可能是一块宝石⁴²呢！高山很高兴，胡心一也很高兴，胡叔叔和王阿姨也为高山高兴。

高山请人帮忙做了一个木头⁵¹盒子⁹，把这块特别的石头⁷²装在里面。有空儿的时候，他就拿出来擦一擦，看一看。有了这块石头⁷²，他在瑞丽的生活好像更有意思一些了。

Want to check your understanding of this part?
Go to the questions on page 63.

78. 看来 kànlái: it seems

7. 留给你们做个纪念[79]

两年过去了,又是一个秋天。村寨[56]周围的树很多,红的黄的,到处都是,非常漂亮。一天,高山还在村寨[56]的田里劳动[55],爸爸妈妈从昆明寄来一封信和一张报纸,信里和报纸上说着同一件事情:从明年开始,大学又要开学了,中学毕业的学生又可以参加高考[35]了,考上了就可以上大学了!过了几天,爸爸妈妈还给高山寄来一些中学用的书,数学、语文[80]、英语的书都有。他们让他赶快复习,准备高考[35],书如果不够,就跟别人借,借不到的书,他们从昆明买了再寄给他。

跟很多中学生一样,上大学一直是高山的一个梦[81]。他向村寨[56]的领导申请,领导觉得他这两年在村寨[56]的

79. 纪念 jìniàn: keepsake, souvenir
80. 语文 yǔwén: (Chinese) language
81. 梦 mèng: dream

表现不错，有很大进步，同意他参加高考[35]。从收到爸爸妈妈的信那一天开始，除了在村寨[56]里参加一定的劳动[55]，别的时间他都在认真地复习功课。他早上很早起来学习英语，晚上复习语文[80]、数学，每天都到很晚才睡觉。那时候，中国的大学很少，要考大学的人很多，考上大学很难。高山告诉自己，一定要特别努力，认真准备，不能马马虎虎！

王阿姨看到高山这样努力，每天晚上学习到半夜[82]，做晚饭的时候就多做一些留下来，让他晚上肚子饿的时候再吃。胡心一从山上摘[69]来的水果，也总是给他拿一些。胡叔叔一家人这样照顾他，高山觉得有点儿不好意思。

　　12月8号到9号两天是高考[35]的日子，天气很好，高山参加了考试。后来，高山考上了，成绩不错。他想回昆明，回到爸爸妈妈的身边[83]，就选择了云南大学。

　　过了新年，高山就要去昆明上大学了。胡心一一家替他高兴，心里又有点儿难过。离开这么好的一家人，高山心里也不舒服。

　　决定要离开的那天晚上，胡叔叔把高山叫过来，将一个信封[50]放到了他的手里。高山打开[17]一看，信封[50]里是钱，有很多张，大部分是一块的，也有一些是五毛的、一毛的，一共大概有十多块钱。

---

82. 半夜 bànyè: midnight
83. 身边 shēnbiān: close by

对一句话负责

"胡叔叔,谢谢您。这个钱我不能要。"高山说着,要把信封[50]还给他。高山知道,瑞丽的村寨[56]条件这么差,这些一块的、五毛的、一毛的钱,一定是胡叔叔一家人一点儿一点儿留起来的,他们挣[33]钱太不容易了。

胡灯明说:"你听我说,这钱你得拿着。我们在这里生活虽然不太好,但是有吃的有喝的。可是你上大学没有钱不行,你爸爸妈妈也困难,能帮你的也不多。再说,你考上了大学,按照这里的习惯,有这样大的好事,最好要请客,请村寨[56]的人一起吃饭、喝酒。请客也要花钱呀。"

高山对村寨[56]的习惯了解得还不够,听胡叔叔说应该请客,他算了一算,爸爸妈妈寄给他的钱真不够。他对胡叔叔说:"那好,这个钱我收下,以后一定找机会还您。真是太感谢您了!"

过了几天,高山到街上的商店里买了肉、鱼、鸡和酒,还有一些别的菜。王阿姨做菜,胡叔叔和胡心一帮忙,他们请来了村寨[56]的邻居和朋友们,大家吃了饭,又一起唱歌跳舞,开开心心地一直跳到很晚。

朋友帮他买好了汽车票和火车票[84],第二天,高山就要走了。这天夜里,胡心一已经睡着[85]了,高山从床上爬起来,找出一张纸,拿起笔,他在纸上写着:

胡叔叔:

这两年在您家里,您一家人给了我很多照顾,这次又给我这么多钱,我真不知道应该怎么感

---

84. 火车票 huǒchēpiào: train ticket
85. 睡着 shuìzháo: fall asleep

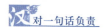

谢你们。这块石头[72]留给你们，做个纪念[79]。我会想念[66]你们的，以后还会来看你们。

高山
1978年2月20日

写好以后，他把装着那块石头[72]的木头[51]盒子[9]打开[17]，把信放了进去，然后把木头[51]盒子[9]放在房间里<u>胡心一</u>不太注意的地方。他又拿出一件新衬衫，还有他带来的那些书和词典，都放在房间的桌子上。那是他给<u>胡心一</u>的礼物。

Want to check your understanding of this part?
Go to the questions on page 63–64.

8. 朋友的东西不能卖

回到昆明的家里,见到爸爸妈妈,高山才知道妈妈已经病了好长时间了。他们没有写信告诉高山,怕影响高山复习功课、准备高考³⁵。妈妈病得很重,需要很多钱看医生,家里的情况很困难。他一边上大学,一边和爸爸一起照顾妈妈,比在瑞丽的时候更忙了。爸爸的年纪⁴⁷也大了,家里大部分事情都要靠高山帮忙。

大学四年,高山很少有时间休息,更没时间回瑞丽去看胡叔叔一家人了。那个时候没有手机,没有网络,一般人家也没有电话。高山每年给胡叔叔他们写一两封信,收到他的信以后,胡心一也会给他回信⁸⁶。这样,他们都知道各自的情况。在第一年的回信⁸⁶里,胡叔叔还告诉高山,那个木头⁵¹盒子⁹里的石头⁷²是高山喜

---

86. 回信 huí xìn: reply to a letter

欢的东西，他们现在帮高山留着，等到他什么时候再去瑞丽，他们就还给他。

大学毕业以后，高山去了一家电脑公司工作。他拿到工资，给胡叔叔和胡心一寄过两次钱。那时候他的工资也不高，每次只能寄二十块。胡叔叔回信[86]时，除了谢谢他，还叫他以后不要再寄钱了。

后来，高山结婚了，他们搬了家，家里的老房子也没有了。他告诉

了胡心一新地址，但从那以后，不知道是为什么，他就没有收到过胡叔叔和胡心一的回信[86]。他听说瑞丽后来发展得很快，是不是胡叔叔的家也搬了？高山很想找时间去一趟[87]瑞丽，可是他开了公司，太忙了。开公司的第二年，妻子给他生了一个儿子，他就更没有时间了。他对妻子说，作为[88]纪念[79]，他要让儿子的名字叫高瑞丽，妻子也很同意。

高山公司的生意[43]越做越大，高瑞丽大学毕业以后也来父亲的公司帮忙。一直到前两年，高山觉得累了，人也有些老了，就不当董事长[48]，把公司都交给了儿子高瑞丽。

在瑞丽这边，胡叔叔家的情况变化也很大。胡心一结婚以后，他们全家从村寨[56]搬到了县城[59]边上。妻子先给他生了一个漂亮的女儿胡美美，三年以后又生了一个儿子胡飞云。他们的生活虽然还是不容易，但是比以前好多了。只是胡叔叔和王阿姨年纪[47]大了，身体越来越不好。

87. 趟 tàng: (one) time (of a trip)
88. 作为 zuòwéi: as

对一句话负责

　　在过去的三十多年，中国的经济发展得很快，社会上一些有钱人和做生意⁴³的人知道云南的瑞丽出宝石⁴²，就都跑到这里来买。一天，街上来了一个人，个子矮矮的，还有点儿胖⁸⁹，听他说话像是上海来的。他也是来瑞丽买宝石⁴²的。他说，如果宝石⁴²很好，他可以出很多钱。胡灯明叔叔家的邻居知道他家有一块特别的石头⁷²，就告诉了那个买宝石⁴²的人。
　　胡灯明说："我们家是有一块石

89. 胖 pàng: fat

48

8. 朋友的东西不能卖

头[72]，但不能卖。那块石头[72]不是我们的，是一个朋友留在这里的。"

买宝石[42]的人又说："可以让我看看吗?"

胡灯明本来不想让外边的人看，因为那是高山的东西。但是，买宝石[42]的人不走，他说他是研究宝石[42]的，很有经验。不卖给他也可以，但还是希望胡灯明给他看一眼，让他对宝石[42]多一些了解。看了以后，他可以把他的意见告诉胡灯明，这对胡灯明也是一个帮助。

胡灯明觉得他的话也有道理，让一个对宝石[42]有很多知识的人看看，说说他的看法，以后他还给高山的时候，也可以告诉高山这块石头[72]怎么样，可以卖多少钱。胡灯明让胡心一拿出高山留下来的那个木头[51]盒子[9]，然后亲手把它打开[17]。

买宝石[42]的人拿出一个特别的手电[77]，上上下下[90]地在那块石头[72]上照着，把石头[72]照得很亮。看了很长时间，他对胡灯明说："老人家[91]，这确

---

90. 上上下下 shàngshàngxiàxià: up and down
91. 老人家 lǎorenjia: respectful address for an old people

对一句话负责

实是一块不错的宝石[42]。您愿意卖给我的话，我可以出三十万。"

"三十万?!"胡心一一听，差点儿[92]叫了出来。他没想到高山留下的这块石头[72]现在可以卖这么贵。

胡灯明还是很安静的样子，他在桌子边上坐着，对买宝石[42]的人说："谢谢你告诉我这块石头[72]真是宝石[42]，可以卖很多钱。不过非常抱歉[93]，朋友的东西要还给朋友，不管多少钱，我们都不能卖。"

那天晚上，吃完晚饭，全家人在桌子边上坐着，胡灯明对大家说："那块石头[72]是高山的，你们要找到高山，还给人家。"

糟糕的是，胡灯明叔叔和王阿姨年纪[47]都大了，等到孩子们找到高山这一天，他们已经死了七八年了。

Want to check your understanding of this part?
Go to the questions on page 64.

92. 差点儿 chàdiǎnr: almost
93. 抱歉 bàoqiàn: sorry

9. 比宝石[42]更贵的东西

高山听完胡美美介绍她家这些年的情况,知道胡心一现在就在昆明开饭馆儿。他让保姆[49]给胡美美的茶杯里加了点儿热水,又请胡美美给他爸爸打电话约好时间,然后对儿子高瑞丽说:"你把公司的事情安排一下,马上开车送我和美美去她家的饭馆儿,我要去见我这个瑞丽的弟弟!"

车子还没到绿宝石[29]餐厅,胡心一和他妻子已经站在门口等着他。高山下了车,快快走过去,一下子抱住了胡心一。三十多年没有见面了,那是和他在一起抓[20]过鱼,找过宝石[42],睡过一张床的弟弟啊!"你也不年轻了,我们都老了!"他抱着胡心一,嘴里不停地说着。

今天的晚饭他们就在胡心一的饭馆儿吃,胡心一的妻子做了几个瑞丽村寨[56]特别的菜,大家都喝了点儿酒，一起谈得特别开心[44]。晚饭刚吃完，胡心一的妻子从楼上抱来一个木头[51]盒子[9]，小心地放到桌上。

胡心一对高山说："我爸爸对我们说过很多次，让我们一定要找到你，把你留在我家的这块石头[72]还给你。我们找你找了很长时间，现在总算找到了！"

"这块石头[72]是我留给你们的，给你们做纪念[79]的，怎么能还给我呢？"高山不愿意收下那个盒子[9]。

"这不是一般的石头[72]，是一块真的宝石[42]，可以卖很多钱的，太贵了，我们怎么能要啊？而且，把它还给你，这是我爸爸说过的话，我们要对他负责啊！"胡心一说。

"能卖多少钱都不应该还给我。留给你们做纪念[79]，那是我写在那张纸上的。我说过的话，我也要负责啊！"高山回答。

胡心一和高山一个人要还，一个人不收，两个人都说要对说过的话负责。没有合适的办法，高山就对胡心一说："我们现在先不做决定。你什么时候有空儿,陪我回一趟 瑞丽⁸⁷,带我到老村寨⁵⁶去看看,也看看你的新家,好吗?"

这个主意,胡心一也同意。过了几天,他安排好了绿宝石²⁹餐厅的工作,高瑞丽给他们买了机票,两个老朋友很快从昆明飞到了瑞丽附近的机场。

下了飞机,坐在去老村寨⁵⁶的一辆汽车上,高山很久说不出话来。瑞丽,这里的山和水,这里的人和事,这里的蓝天、空气和花香,还有太阳

下的劳动⁵⁵，月亮下的舞会……所有这一切，像是昨天才发生的事情。苦过，累过，唱过，笑过，日子过得真快啊！算一算，三十多年过去了。这些年在忙什么呢？自己去过许多城市，也访问过一些国家，可是一次都没有回过瑞丽。高山在心里问自己："是我忘记了瑞丽吗？"不！他一直计划着要回瑞丽来看看，一次又一次梦见这里的村寨⁵⁶，梦见胡灯明叔叔家……如果不是把瑞丽放在心里，又怎么可能一次又一次梦见这里？

胡心一也知道，瑞丽一直在高山的心里。如果不是这样，他是不会把儿子的名字叫作高瑞丽的。

瑞丽真的变了，老村寨⁵⁶也有可以开汽车的大马路了。一个多钟头以后，他们在老村寨⁵⁶下了车，高山做的第一件事是手里拿着花，来到胡叔叔和王阿姨的墓地，他要告诉胡叔叔和王阿姨：那年离开这里的时候，他说过会回来看他们，现在他来了。只是，他觉得对不起两位老人，他来得太晚了。

　　离开墓地，胡心一陪高山去了村寨[56]，去了他那时劳动[55]过的田地[58]，还去了他们一起抓[20]鱼找石头[72]的南菇河。

　　最后，他们来到了胡心一家的老房子那里。胡心一家的房子已经没有了，几个邻居家的房子也不在了，大家都搬到了别的地方。现在这里是一块比较大的空地，上面种了不少青菜[30]。

　　高山在那里站了很久，他对胡心一说："虽然有些人家搬走了，但是大部分人家还住在老村寨[56]周围。这里需要一个条件好一点儿的学校,需要知识和科学。我们把那块宝石[42]卖掉,我自己再拿一些钱,在这里建一所学校,学校的名字就叫'灯明小学'。你觉得怎么样?"

听到高山这个想法[32],胡心一也觉得非常好,他很感谢高山这样安排。他想,父亲在天上如果能知道高山的这个决定,他一定也会非常高兴。

一年以后,学校就要建成了,高山让胡美美设计好了一个石头[72]雕像[2],雕像[2]当然是她爷爷胡灯明的样子。在雕像[2]上,高山用毛笔写了五个字:对一句话负责。他希望以后在这个学校读书的孩子们都能懂这句话,懂得这个世界上有比宝石[42]更贵的东西。

Want to check your understanding of this part?
Go to the questions on page 64.

To check your vocabulary of this reader,
go to the questions on page 65.

To check your global understanding of this reader,
go to the questions on page 66–67.

生词表
Vocabulary list

1	推	tuī	push
2	雕像	diāoxiàng	figure statue
3	春城	Chūnchéng	Spring City, the elegant name of Kunming
4	四季	sìjì	four seasons
5	傣族	Dǎizú	Dai, a minority ethnic group in southwest China
6	少数民族	shǎoshù mínzú	ethnic minority
7	头巾	tóujīn	scarf
8	一动也不动	yí dòng yě bú dòng	motionless
9	盒子	hézi	box
10	拍照	pāi zhào	take pictures
11	总经理	zǒngjīnglǐ	general manager
12	停车场	tíngchēchǎng	parking lot
13	救命	jiù mìng	help (in an emergency)
14	扶	fú	support with hand
15	座位	zuòwèi	seat
16	信用卡	xìnyòngkǎ	credit card
17	打开	dǎkāi	open
18	抢	qiǎng	rob
19	追	zhuī	chase
20	抓	zhuā	grab
21	什么的	shénmede	et cetera
22	警察	jǐngchá	police
23	不一会儿	bù yíhuìr	in a short while
24	摔	shuāi	fall, tumble

25	装扮	zhuāngbàn	disguise, dress up
26	摄像	shèxiàng	video camera
27	照相	zhào xiàng	take pictures
28	果然	guǒrán	really, as expected
29	绿宝石	lǜbǎoshí	emerald (literaly "green gem")
30	青菜	qīngcài	green vegetables
31	不久	bùjiǔ	soon
32	想法	xiǎngfǎ	idea
33	挣	zhèng	earn (money)
34	县	xiàn	county
35	高考	gāokǎo	college entrance examination
36	感兴趣	gǎn xìngqù	be interested in
37	既	jì	both, as well as
38	面前	miànqián	in the face of, in front of
39	吃苦	chī kǔ	bear hardships
40	特别是	tèbié shì	especially
41	炒菜	chǎocài	pan-fried dishes
42	宝石	bǎoshí	gemstone
43	生意	shēngyi	business
44	开心	kāixīn	happy
45	忘不了	wàngbuliǎo	can't forget
46	喜爱	xǐ'ài	like, be fond of
47	年纪	niánjì	age
48	董事长	dǒngshìzhǎng	chairman of a company
49	保姆	bǎomǔ	nanny, babysitter
50	信封	xìnfēng	envelope
51	木头	mùtou	wood
52	关门	guān mén	close the door
53	工厂	gōngchǎng	factory

54	干活儿	gàn huór	to work
55	劳动	láodòng	labor; to work
56	村寨	cūnzhài	rural village
57	走走停停	zǒuzǒutíngtíng	stop and go
58	田地	tiándì	paddy field and dry land (for farming)
59	县城	xiànchéng	county town
60	半天	bàntiān	half of the day
61	一方面	yì fāngmiàn	on the one hand
62	另一方面	lìng yì fāngmiàn	on the other hand
63	篮球场	lánqiúchǎng	basketball court
64	挤	jǐ	crowded
65	对于	duìyú	for, about
66	想念	xiǎngniàn	miss
67	数数	shǔ shù	to count (shǔ) numbers (shù)
68	账	zhàng	account
69	摘	zhāi	pick (fruits)
70	顿	dùn	measure word for meals
71	发光	fā guāng	shine a light
72	石头	shítou	stone
73	过后	guòhòu	after
74	凉	liáng	cool
75	发出来	fā chulai	send out
76	线条	xiàntiáo	line
77	手电	shǒudiàn	flashlight
78	看来	kànlái	it seems
79	纪念	jìniàn	keepsake, souvenir
80	语文	yǔwén	(Chinese) language
81	梦	mèng	dream
82	半夜	bànyè	midnight

83	身边	shēnbiān	close by
84	火车票	huǒchēpiào	train ticket
85	睡着	shuìzháo	fall asleep
86	回信	huí xìn	reply to a letter
87	趟	tàng	(one) time (of a trip)
88	作为	zuòwéi	as
89	胖	pàng	fat
90	上上下下	shàngshàngxiàxià	up and down
91	老人家	lǎorenjia	respectful address for an old people
92	差点儿	chàdiǎnr	almost
93	抱歉	bàoqiàn	sorry

练 习
Exercises

1. 能推人的雕像

根据故事选择正确答案。 Select the correct answer for each of the questions.

(1) 高瑞丽开车去做什么?
   a. 去公司上班　　　　　b. 去公园玩儿
(2) 包是从哪里被抢[18]走的?
   a. 从高瑞丽车里　　　　b. 从高瑞丽手里
(3) 唐甜甜为什么觉得包一定要追[19]回来?
   a. 包里有很多钱　　　　b. 包里有手机和信用卡[16]
(4) 谁推[1]倒了抢[18]包的人?
   a. 那个会动的雕像[2]　　b. 追[19]抢[18]包人的唐甜甜

2. 原来是一个漂亮的姑娘

根据故事选择正确答案。 Select the correct answer for each of the questions.

(1) 在派出所,唐甜甜发现包里的东西少了吗?
   a. 没有　　　　　　　　b. 有
(2) 抢[18]包的人和骑车摔[24]倒的人是什么关系?
   a. 互相认识　　　　　　b. 互相不认识
(3) 谁认识那个装扮[25]成雕像[2]的人?
   a. 警察[22]　　　　　　b. 擦鞋的老人
(4) 装扮[25]成雕像[2]的人是谁?
   a. 公园的工作人员　　　b. 饭馆儿的服务员

3. 一家人都来昆明

根据故事选择正确答案。Select the correct answer for each of the questions.

(1) 高瑞丽和唐甜甜为什么去绿宝石²⁹餐厅?
　　a.找人　　　　　b.吃饭
(2) 胡美美的家乡怎么样?
　　a.离昆明很近　　b.交通不方便
(3) 胡美美是什么时候开始工作的?
　　a.上大学的时候　b.大学毕业以后
(4) 胡美美最想找到什么样工作?
　　a.与雕像²有关的　b.有饭馆儿有关的
(5) 胡美美的弟弟为什么来昆明?
　　a.打工　　　　　b.上学
(6) 绿宝石²⁹餐厅是谁开的?
　　a.胡美美父母　　b.高瑞丽夫妇
(7) 绿宝石²⁹餐厅的生意⁴³怎么样?
　　a.很好　　　　　b.很不好

4. 您见过这两样东西吗?

下面的说法哪个对,哪个错? Mark the correct ones with "T" and incorrect ones with "F".

(1) 高瑞丽想让胡美美帮忙找他公司需要的人。　（　）
(2) 胡美美在昆明找到了名片上写的地址。　　　（　）
(3) 因为胡美美工作很好,所以董事长⁴⁸想见她。（　）
(4) 公司的名字是用高瑞丽的名字起的。　　　　（　）
(5) 胡美美想问的问题最后问出来了。　　　　　（　）
(6) 胡美美拿出的东西老人都认识。　　　　　　（　）

5. 从昆明来的大朋友

下面的说法哪个对,哪个错? Mark the correct ones with "T" and incorrect ones with "F".

(1) 三十多年前,在中国,城市的中学生毕业后要去农村。
　　　　　　　　　　　　　　　　　　　　( )
(2) 只有高山一个人被安排到了瑞丽县[34]。　　( )
(3) 高山刚到瑞丽县城[59],就有车接他去村寨[56]。( )
(4) 高山去的村寨[56]条件很差,附近都没有商店和邮局。( )
(5) 高山住在胡灯明家后,王阿姨送给他几张昆明的画儿。
　　　　　　　　　　　　　　　　　　　　( )
(6) 胡心一觉得上学没用,中学没上完就不上了。( )
(7) 高山把一本词典送给了胡心一。　　　　　( )

6. 一块能发光的石头

下面的说法哪个对,哪个错? Mark the correct ones with "T" and incorrect ones with "F".

(1) 有人在南菇河里找到很多宝石[42]。　　　　( )
(2) 高山和胡心一用捡来的石头[72]做了两个雕像[2]。( )
(3) 能发光[71]的宝石[42]是高山找到的。　　　　( )
(4) 能发光[71]的宝石[42]颜色是白的,有一些黑色的线条[76]。( )
(5) 高山把石头[72]三十块钱卖给了老赵。　　　( )
(6) 高山把石头[72]装在了一个用木头[51]做的盒子[9]里面。( )

7. 留给你们做个纪念

根据故事选择正确答案。Select the correct answer for each of the questions.

(1) 高山的父母写信告诉他一件什么事?
　　a. 明年他可以回昆明了　　b. 明年他可以参加高考[35]了

(2) 高山为什么选择云南大学？
　　a. 他想回昆明去　　　　　　b. 云南大学是最好的大学
(3) 胡灯明为什么要给高山钱？
　　a. 为了买火车票[84]和汽车票　　b. 上大学要用钱
(4) 高山走之前是怎么感谢胡叔叔的？
　　a. 留下了那块石头[72]　　　　b. 留下了一件新衬衫

8. 朋友的东西不能卖

下面的说法哪个对，哪个错？ Mark the correct ones with "T" and incorrect ones with "F".

(1) 高山上大学的时候，要一边学习，一边照顾爸爸。　（　）
(2) 高山回到昆明后，没有去过瑞丽。　　　　　　　　（　）
(3) 为了给他曾经劳动[55]过的地方做个纪念[79]，高山给他儿子取名高瑞丽。　　　　　　　　　　　　　　　　（　）
(4) 胡灯明不卖那块石头[72]，是因为价格太低。　　　（　）
(5) 胡灯明决定把石头[72]还给高山。　　　　　　　　（　）
(6) 胡灯明后来又见到了高山。　　　　　　　　　　　（　）

9. 比宝石更贵的东西

根据故事选择正确答案。Select the correct answer for each of the questions.

(1) 高山在哪里见到了他心里想念[66]的人？
　　a. 高山家里　　b. 胡心一家里　　c. 绿宝石[29]餐厅
(2) 高山和胡心一怎么去的瑞丽？
　　a. 坐飞机　　　b. 坐火车　　　　c. 坐汽车
(3) 那块石头[72]最后怎么了？
　　a. 给了胡心一　b. 给了高山　　　c. 卖掉了
(4) "比宝石[42]更贵的东西"是什么？
　　a. 很多的金钱　b. 深厚的感情　　c. 很好的学校

词汇练习 Vocabulary exercises

选词填空 Fill in each blank with the most appropriate word.

1. a. 合适   b. 麻烦   c. 喜欢   d. 漂亮   e. 有名
(1) 昆明有很多公园,百花公园是最_____的。
(2) 高瑞丽在公园门口遇到了一件很_____的事情。
(3) 他们刚走进饭馆儿,就有一个_____的服务员走过来。
(4) 那个木头^{51}盒子^{9}里装着高山_____的石头^{72}。
(5) 高山的公司有雕像^{2}的工作,对胡美美来说很_____。

2. a. 果然^{28} b. 特别   c. 忽然   d. 最好   e. 虽然
(1) 那位擦鞋的老人_____知道那个雕像^{2}是谁装扮^{25}的。
(2) 唐甜甜想喝杯茶,_____再加一盘葡萄或苹果。
(3) 他正要回家,_____看到脚边有一块好像发着白色的光。
(4) 她妈妈很会做饭,_____是云南少数民族^{6}的饭菜,做得又好看又好吃。
(5) 瑞丽_____田地^{58}很多,但是人很少,生活在那里的人大部分是少数民族^6。

3. a. 照相^{27} b. 检查   c. 注意   d. 锻炼   e. 吃苦^{39}
(1) 那个雕像^{2}每个星期天出现在公园门口,让大家跟他一起_____,一次两元。
(2) 高山中学毕业后,就被派到了瑞丽去学习_____。
(3) 高山把木头^{51}盒子^{9}放在了房间里一个不太让人_____的地方。
(4) 在大城市里,只要你愿意努力,认真做事,不怕_____,就一定能挣^{33}到钱。
(5) 警察^{22}_____了百花公园门口的电子摄像^{26},发现那个雕像^{2}每个星期天都会来这里。

综合理解 Global understanding

根据整篇故事选择正确答案。 Select the correct answer for each of the gapped sentences in the following passage.

在中国，有一个城市被叫作"春城³"，那就是(a.北京　b.昆明)。那里风景很美，一年四季⁴都开着各种颜色的花儿。那里有很多公园，其中最(a.有名　b.安静)的是百花公园。在公园门口，每到星期天经常会出现一个穿着傣族⁵衣服的(a.雕像²　b.男孩儿)，摆出有趣的样子，让大家跟他一起(a.散步　b.照相²⁷)。

一天，高山文化艺术公司的总经理¹¹高瑞丽开车和他的妻子要(a.去公司上班　b.去公园玩儿)，就在门口不远处，被人(a.偷走　b.抢¹⁸走)了包，正好被站在旁边的雕像²看到，他想也没想就用手(a.推¹倒　b.抱住)了那个抢¹⁸包的人，最后帮助他们找回了包。高瑞丽夫妇通过警察²²和一位擦鞋的老人，知道了那个雕像²原来是个(a.男孩儿　b.女孩儿)，她叫胡美美，平时在绿宝石²⁹餐厅(a.打工　b.吃饭)。

高瑞丽夫妇在绿宝石²⁹餐厅找到了胡美美，通过跟她(a.聊天儿　b.打电话)，发现她人很好，是云南大学艺术专业的学生，喜欢(a.拍照¹⁰　b.雕像²)方面的工作，(a.而且　b.但是)她一家人是从(a.昆明　b.瑞丽)来的。她的爸妈开了这家饭馆儿，因为老家是出(a.宝石⁴²　b.美食)的地方，所以饭馆儿的名字就叫"绿宝石²⁹"。高瑞丽想请她到高山文化艺术公司上班，她觉得"高山"(a.一定　b.可能)跟她要找的人有关系，还有雕像²方面的工作，所以毕业后她就去了那里上班。有一天，老董事长⁴⁸要见她，没有想到他就是她要找的高山，胡美美拿给高山一张(a.纸　b.照片)和一个信封⁵⁰，打开¹⁷了他三十多年前的故事……

那时候，高山中学毕业，被派到瑞丽的村寨⁵⁶学习、锻炼。高山住在胡灯明家里，他和胡心一(a.身高　b.年纪⁴⁷)差不多，很快就成了好兄弟。高山喜欢各种各样的(a.宝石^{42}　b.石头^{72})，有一天他在南菇河里发现了一块发着白光的石头^{72}，看起来有点儿(a.好看　b.特别)。他舍不得卖给别人，就(a.自己　b.请人)做了一个木头^{51}盒子^9，把石头^{72}装在里面。又过了两年，高山收到了他爸妈寄来的一封信，信上告诉了他一个(a.好消息　b.坏消息)：从明年开始，中学毕业的学生可以(a.参加高考^{35}　b.回到昆明)了。他每天特别努力地(a.劳动^{55}　b.复习)，最后考上了云南大学。在快要离开的时候，胡叔叔送给他十多块钱，他请村寨^{56}的人一起吃饭、喝酒，他们开开心心地唱歌跳舞到很晚。又过了几天，高山走了，他留下了一封信，和那块装在盒子^{9}里的石头^{72}。

回到昆明后，高山很忙，没有时间去看胡叔叔一家人，只能(a.写信　b.打电话)。后来他们之间失去了联系，为了(a.好听　b.做纪念^{79})，高山把儿子的名字叫作高瑞丽。而胡灯明一家人知道了那是一块可以卖很多钱的宝石^{42}，但是坚持要把它要(a.还　b.卖)给高山。就这样过了七八年，胡灯明和他的妻子去世了，胡心一和他的家人还在继续寻找。

后来，高山通过胡美美找到了胡心一。他们一起回到瑞丽，还把宝石^{42}(a.留下　b.卖掉)，用那些钱建了一所(a.小学　b.中学)。胡美美为学校设计了一个石头^{72}雕像^2，高山在石头^{72}上写了五个字——"对一句话负责"，希望让孩子们懂得在这个世界上有比宝石^{42}更贵的东西。

练习答案

Answer key to the exercises

1. 能推人的雕像
   (1) b   (2) a   (3) b   (4) a

2. 原来是一个漂亮的姑娘
   (1) a   (2) a   (3) b   (4) b

3. 一家人都来昆明
   (1) a   (2) b   (3) a   (4) a   (5) b   (6) a
   (7) a

4. 您见过这两样东西吗?
   (1) F   (2) T   (3) F   (4) F   (5) T   (6) T

5. 从昆明来的大朋友
   (1) T   (2) F   (3) F   (4) T   (5) F   (6) T
   (7) F

6. 一块能发光的石头
   (1) F   (2) F   (3) T   (4) F   (5) F   (6) T

7. 留给你们做个纪念
   (1) b   (2) a   (3) b   (4) a

8. 朋友的东西不能卖
   (1) F   (2) T   (3) T   (4) F   (5) T   (6) F

9. 比宝石更贵的东西
   (1) c   (2) a   (3) c   (4) b

词汇练习 Vocabulary exercises

1. (1) e　(2) b　(3) d　(4) c　(5) a
2. (1) a　(2) d　(3) c　(4) b　(5) e
3. (1) a　(2) d　(3) c　(4) e　(5) b

综合理解 Global understanding

在中国,有一个城市被叫作"春城[3]",那就是(b.昆明)。那里风景很美,一年四季[4]都开着各种颜色的花儿。那里有很多公园,其中最(a.有名)的是百花公园。在公园门口,每到星期天经常会出现一个穿着傣族[5]衣服的(a.雕像[2]),摆出有趣的样子,让大家跟他一起(b.照相[27])。

一天,高山文化艺术公司的总经理[11]高瑞丽开车和他的妻子要(b.去公园玩儿),就在门口不远处,被人(b.抢[18]走)了包,正好被站在旁边的雕像[2]看到,他想也没想就用手(a.推[1]倒)了那个抢[18]包的人,最后帮助他们找回了包。高瑞丽夫妇通过警察[22]和一位擦鞋的老人,知道了那个雕像[2]原来是个(b.女孩儿),她叫胡美美,平时在绿宝石[29]餐厅(a.打工)。

高瑞丽夫妇在绿宝石[29]餐厅找到了胡美美,通过跟她(a.聊天儿),发现她人很好,是云南大学艺术专业的学生,喜欢(b.雕像[2])方面的工作,(a.而且)她一家人是从(b.瑞丽)来的,她的爸妈开了这家饭馆儿,因为老家是出(a.宝石[42])的地方,所以饭馆儿的名字就叫"绿宝石[29]"。高瑞丽想请她到高山文化艺术公司上班,她觉得"高山"(b.可能)跟她要找的人有关系,还有雕像[2]方面的工作,所以毕业后她就去了那里上班。有一天,老董事长[48]要见她,没有想到他就是她要找的高山,胡美美拿给高山一张(b.照片)和一个信封[50],打开[17]了他三十多年前的故事……

那时候,高山中学毕业,被派到瑞丽的村寨[56]学习、锻炼。高山住在胡灯明家里,他和胡心一(b. 年纪[47])差不多,很快就成了好兄弟。高山喜欢各种各样的(b. 石头[72]),有一天他在南菇河里发现了一块发着白光的石头[72],看起来有点儿(b. 特别)。他舍不得卖给别人,就(b. 请人)做了一个木头[51]盒子[9],把石头[72]装在里面。又过了两年,高山收到了他爸妈寄来的一封信,信上告诉了他一个(a. 好消息):从明年开始,中学毕业的学生可以(a. 参加高考[35])了。他每天特别努力地(b. 复习),最后考上了云南大学。在快要离开的时候,胡叔叔送给他十多块钱,他请村寨[56]的人一起吃饭、喝酒,他们开开心心地唱歌跳舞到很晚。又过了几天,高山走了,他留下了一封信,和那块装在盒子[9]里的石头[72]。

回到昆明后,高山很忙,没有时间去看胡叔叔一家人,只能(a. 写信)。后来他们之间失去了联系,为了(b. 做纪念[79]),高山把儿子的名字叫作高瑞丽。而胡灯明一家人知道了那是一块可以卖很多钱的宝石[42],但是坚持要把它要(a. 还)给高山。就这样过了七八年,胡灯明和他的妻子去世了,胡心一和他的家人还在继续寻找。

后来,高山通过胡美美找到了胡心一。他们一起回到瑞丽,还把宝石[42](b. 卖掉),用那些钱建了一所(a. 小学)。胡美美为学校设计了一个石头[72]雕像[2],高山在石头[72]上写了五个字——"对一句话负责",希望让孩子们懂得在这个世界上有比宝石[42]更贵的东西。

练习编写:路冬月

为所有中文学习者(包括华裔子弟)编写的
第一套系列化、成规模、原创性的大型分级轻松泛读丛书

"汉语风"(Chinese Breeze)分级系列读物简介

"汉语风"(Chinese Breeze)是一套大型中文分级泛读系列丛书。这套丛书以"学习者通过轻松、广泛的阅读提高语言的熟练程度,培养语感,增强对中文的兴趣和学习自信心"为基本理念,根据难度分为8个等级,每一级6—8册,共近60册,每册8,000至30,000字。丛书的读者对象为中文水平从初级(大致掌握300个常用词)一直到高级(掌握3,000—4,500个常用词)的大学生和中学生(包括修美国AP课程的学生),以及其他中文学习者。

"汉语风"分级读物在设计和创作上有以下九个主要特点:

一、等级完备,方便选择。精心设计的8个语言等级,能满足不同程度的中文学习者的需要,使他们都能找到适合自己语言水平的读物。8个等级的读物所使用的基本词汇数目如下:

第1级:300 基本词	第5级:1,500 基本词
第2级:500 基本词	第6级:2,100 基本词
第3级:750 基本词	第7级:3,000 基本词
第4级:1,100 基本词	第8级:4,500 基本词

为了选择适合自己的读物,读者可以先看看读物封底的故事介绍,如果能读懂大意,说明有能力读那本读物。如果读不懂,说明那本读物对你太难,应选择低一级的。读懂故事介绍以后,再看一下书后的生词总表,如果大部分生词都认识,说明那本读物对你太容易,应试着阅读更高一级的读物。

二、题材广泛,随意选读。丛书的内容和话题是青少年学生所喜欢的侦探历险、情感恋爱、社会风情、传记写实、科幻恐怖、神话传说等。学习者可以根据自己的兴趣爱好进行选择,享受阅读的乐趣。

三、词汇实用,反复重现。各等级读物所选用的基础词语是该等级的学习者在中文交际中最需要最常用的。为研制"汉语风"各等级的基础词表,"汉语风"工程首先建立了两个语料库:一个是大规模的当代中文书面

语和口语语料库,一个是以世界上不同地区有代表性的40余套中文教材为基础的教材语言库。然后根据不同的交际语域和使用语体对语料样本进行分层标注,再根据语言学习的基本阶程对语料样本分别进行分层统计和综合统计,最后得出符合不同学习阶程需要的不同的词汇使用度表,以此作为"汉语风"等级词表的基础。此外,"汉语风"等级词表还参考了美国、英国等国和中国大陆、台湾、香港等地所建的10余个当代中文语料库的词语统计结果。以全新的理念和方法研制的"汉语风"分级基础词表,力求既具有较高的交际实用性,也能与学生所用的教材保持高度的相关性。此外,"汉语风"的各级基础词语在读物中都通过不同的语境反复出现,以巩固记忆,促进语言的学习。

四、易读易懂,生词率低。"汉语风"严格控制读物的词汇分布、语法难度、情节开展和文化负荷,使读物易读易懂。在较初级的读物中,生词的密度严格控制在不构成理解障碍的1.5%到2%之间,而且每个生词(本级基础词语之外的词)在一本读物中初次出现的当页用脚注做出简明注释,并在以后每次出现时都用相同的索引序号进行通篇索引,篇末还附有生词表,以方便学生查找,帮助理解。

五、作家原创,情节有趣。"汉语风"的故事以原创作品为主,多数读物由专业作家为本套丛书专门创作。各篇读物力求故事新颖有趣,情节符合中文学习者的阅读兴趣。丛书中也包括少量改写的作品,改写也由专业作家进行,改写的原作一般都特点鲜明、故事性强,通过改写降低语言难度,使之适合该等级读者阅读。

六、语言自然、鲜活。读物以真实自然的语言写作,不仅避免了一般中文教材语言的枯燥和"教师腔",还力求鲜活地道。

七、插图丰富,版式清新。读物在文本中配有丰富的、与情节内容自然融合的插图,既帮助理解,也刺激阅读。读物的版式设计清新大方,富有情趣。

八、练习形式多样,附有习题答案。读物设计了不同形式的练习以促进学习者对读物的多层次理解;所有习题都在书后附有答案,以方便查对,利于学习。

九、配有录音,两种语速选择。各册读物所附的故事录音(MP3格式),有正常语速和慢速两种语速选择,学习者可以通过听的方式轻松学习、享受听故事的愉悦。故事录音可通过扫描封底的二维码获得,也可通过网址http://www.pup.cn/dl/newsmore.cfm?sSnom=d203下载。

For the first time ever, Chinese has an extensive series of enjoyable graded readers for non-native speakers and heritage learners of all levels

ABOUT Hànyǔ Fēng (*Chinese Breeze*)

Hànyǔ Fēng (*Chinese Breeze*) is a large and innovative Chinese graded reader series which offers nearly 60 titles of enjoyable stories at eight language levels. It is designed for college and secondary school Chinese language learners from beginning to advanced levels (including AP Chinese students), offering them a new opportunity to read for pleasure and simultaneously developing real fluency, building confidence, and increasing motivation for Chinese learning. *Hànyǔ Fēng* has the following main features:

☆ Eight carefully graded levels increasing from 8,000 to 30,000 characters in length to suit the reading competence of first through fourth-year Chinese students:

Level 1: 300 base words	Level 5: 1,500 base words
Level 2: 500 base words	Level 6: 2,100 base words
Level 3: 750 base words	Level 7: 3,000 base words
Level 4: 1,100 base words	Level 8: 4,500 base words

To check if a reader is at one's reading level, a learner can first try to read the introduction of the story on the back cover. If the introduction is comprehensible, the leaner will be able to understand the story. Otherwise the learner should start from a lower level reader. To check whether a reader is too easy, the learner can skim the Vocabulary (new words) Index at the end of the text. If most of the words on the new word list are familiar to the learner, then she/ he should try a higher level reader.

☆ Wide choice of topics, including detective, adventure, romance, fantasy, science fiction, society, biography, mythology, horror, etc. to meet the diverse interests of both adult and young adult learners.

☆ Careful selection of the most useful vocabulary for real life communication in modern standard Chinese. The base vocabulary used for writing each level was generated from sophisticated computational analyses of very large written and spoken Chinese corpora as well as a language databank of over 40 commonly used or representative Chinese textbooks in different countries.

☆ Controlled distribution of vocabulary and grammar as well as the deployment of story plots and cultural references for easy reading and efficient learning, and highly recycled base words in various contexts at each level to maximize language development.

☆ Easy to understand, low new word density, and convenient new word glosses and indexes. In lower level readers, new word density is strictly limited to 1.5% to 2%. All new words are conveniently glossed with footnotes upon first appearance and also fully indexed throughout the texts as well as at the end of the text.

☆ Mostly original stories providing fresh and exciting material for Chinese learners (and even native Chinese speakers).

☆ Authentic and engaging language crafted by professional writers teamed with pedagogical experts.

☆ Fully illustrated texts with appealing layouts that facilitate understanding and increase enjoyment.

☆ Including a variety of activities to stimulate students' interaction with the text and answer keys to help check for detailed and global understanding.

☆ Audio files in MP3 format with two speed choices (normal and slow) accompanying each title for convenient auditory learning. Scan the QR code on the backcover, or visit the website http://www.pup.cn/dl/newsmore.cfm?sSnom=d203 to download the audio files.

"汉语风"系列读物其他分册
Other *Chinese Breeze* titles

"汉语风"全套共8级近60册,自2007年11月起由北京大学出版社陆续出版。下面是已经出版或近期即将出版的各册书目。请访问北京大学出版社网站(www.pup.cn)关注最新的出版动态。

Hànyǔ Fēng (*Chinese Breeze*) series consists of nearly 60 titles at eight language levels. They have been published in succession since November 2007 by Peking University Press. For most recently released titles, please visit the Peking University Press website at www.pup.cn.

第1级:300词级
Level 1: 300 Word Level

错,错,错!
Wrong, Wrong, Wrong!

两个想上天的孩子
Two Children Seeking the Joy Bridge

我一定要找到她……
I Really Want to Find Her...

我可以请你跳舞吗?
Can I Dance with You?

向左向右
Left and Right: The Conjoined Brothers

你最喜欢谁?
Whom Do You Like More?

第2级:500词级
Level 2: 500 Word Level

电脑公司的秘密
Secrets of a Computer Company

我家的大雁飞走了
Our Geese Have Gone

青凤
Green Phoenix

如果没有你
If I Didn't Have You

妈妈和儿子
Mother and Son

出事以后
After the Accident

一张旧画儿
An Old Painting

第3级:750词级
Level 3: 750 Word Level

第三只眼睛
The Third Eye

画皮
The Painted Skin

留在中国的月亮石雕
The Abandoned Moon Sculpture

朋友
Friends

梁山伯与祝英台的故事
Shanbo Liang and Yingtai Zhu

第4级：1,100词级
Level 4：1,100 Word Level

好狗维克
Vick the Good Dog

维克以前是一只非常有名的军犬(jūnquǎn: military dog)。有一天,它没有错,却被人用棍子(gùnzi: stick)重重地打伤了,维克出现了严重的心理(xīnlǐ: mentality)问题,不能再当军犬了。我们的缉毒(jīdú: to crack down on narcotic trafficking)犬(quǎn: dog)训导(xùndǎo: to train)中心虽然接受了它,但很多人不喜欢它,只有我不知道为什么,一下就喜欢上了它,我相信它一定行！我们一起努力练习,成了最好的朋友。在缉毒工作中,维克干得很漂亮,成了一只最棒的缉毒犬！不过,想起当时经过的那些困难,还有女朋友差一点儿因为维克离开我,我是又想哭,又想笑……

Vick used to be a famous military dog. One day, for no apparent reason, someone attacked and gravely wounded him with a stick. Due to the resulting emotional trauma, he was discharged. Now, he works with us at the Drug-Sniffing Dog Training Center. My coworkers don't like him, but after training him, I've found him to be a brilliant drug-sniffing dog, and we've become the best of friends. Although, when I think back on when we trained together, and to that time my girlfriend left me, I don't know whether to laugh or cry...

两件红衬衫
Two Red Shirts

万山县"手拉手"(Shǒu-Lā-Shǒu: Hand-in-Hand)办公室接到一封北京来信,信上说要出一笔钱,帮助一个家里困难的孩子读书,到她上大学。但是,信里提出了几个奇怪的条件：被帮助的孩子生日必须是1990年5月4日,必须是女孩,必须住在周围开满茶花的地方,还有,不能让她和家人知道谁帮助了她们……

方小草的条件跟信里的要求正好一样,她可以用这笔钱上学,她还接到那人寄来的一个大包,里面除了笔、本子(běnzi:

notebook)、书,还有一件好看的红衬衫。

12年以后,方小草考(kǎo: to test, to examine)上了北京的大学,她要到北京去找那位好心人(hǎoxīnrén: good Samaritan, good-hearted people)。但是,那个人的情况她一点儿都不知道,再说,中国这12年变化这么大……她能找到吗?

The "Hand-in-Hand" Office of Wanshan County received an odd letter from Beijing. The author said that she would like to sponsor the education of a child in poverty through university. Her requirements: the child had to be a girl, be born on May 4, 1990, and her home be surrounded by camellias in bloom. Furthermore, the office was not allowed to let her or her family know the identity of the benefactor. How strange...

Fang Xiaocao, coincidentally, met all of these requirements. In addition to paying for her attendance, the anonymous person sent her a package containing school supplies, as well as a nice red shirt.

Twelve years later, Xiaocao was admitted to a university in Beijing. She wanted to use the opportunity to find the mysterious good Samaritan. However, she knew nothing about her; China, too, had changed greatly in those twelve years. Would she find her?

竞争对手
The Competitor

方新开发的中文软件在北科电脑公司的支持下正卖得好,他的前妻代表美国一家公司回国了。她要求跟他合作,说可以出很多钱。方新没有答应。

那可是一家非常有名的大公司啊,他为什么不答应呢?

很快,工作上发生了一些非常奇怪的事,方新的前妻还把事情闹到了法院……

这时候,一直很爱方新的妻子对他的态度也发生了变化,方新感到工作和生活都很困难。

那么,他是怎么解决这些困难的?他的前妻和妻子后来怎么样了……?

Under the auspices of the Beike Corporation, Fang Xin's software had met with great success in the Chinese market. It was at this time that his ex-wife Xie Hong returned from the U.S., with an investment and partnership offer from her company in tow. Despite knowing the fame and power of the company behind her, Fang Xin refused. Soon, piece, by piece, his life fell apart. First a lawsuit from Xie Hong, then a growing mistrust from his wife Xiaoyue. Fang Xin had little choice but to claw his way out of the slow hell his life had become.

沉鱼落雁
Beauty and Grace

"在这个房子里除了我和春雁,还有很多看不见的信息,像蜜蜂(mìfēng: bee)一样,从电脑里飞进来,飞出去……还有我们心跳的声音。"

春雁是小时候被美国的爸爸妈妈收养(shōuyǎng: to adopt)的中国孩子,来中国找自己的根。除了我和春雁,还有沉鱼。沉鱼离婚(lí hūn: to divorce)了,有一个孩子,但她很快乐,来上海找自己的梦想;我在上海也有自己的烦恼。我想帮她们,却发现我爱上了她们,她们好像也爱我。我跟春雁还去了沉鱼在山里的家。我们之间的故事有点复杂,但还是很有意思的。

Chenyu came to Shanghai in pursuit of her dream. She bears the burden of single motherhood at such a young age, and yet her smile never falters. Chunyan came searching for her roots, after growing up in America with adopted parents. I wanted to help them both, so off we went; first in Shanghai, then later to Chenyu's home in the mountains.

It would all be much simpler if I hadn't fallen in love with them, and they with me. A bit convoluted, perhaps, but interesting stories and worthwhile relationships often are.